Hast du jemand lieb?

Joan Walsh Anglund

Hast du jemand lieb?

Collection Känguruh

Übertragung aus dem Amerikanischen
Amerikanische Originalausgabe:
Do You Love Someone?
Harcourt, Brace Jovanovich, Inc., New York

Von derselben Autorin sind bei Walter erschienen:
Ein Freund ist jemand, der dich gern hat
Jeder Frühling ist ein neuer Anfang
Kindheit ist die Zeit des Glücks
Liebe ist ein wundersames Gefühl
Weihnachten ist die Zeit des Schenkens
Keine Welt ist so schön wie deine Welt
Die Farbe der Liebe

3. Auflage 1976

Walter-Verlag Olten und Freiburg im Breisgau
Gesamtherstellung in den Werkstätten des Walter-Verlags
Printed in Switzerland

ISBN 3-530-01636-5

Für Bob

Die Welt ist groß und wunderbar
und voll von Sternen.

Die Welt ist reich und bunt
und voll von Menschen.

Und in den Hunderten von Städten
und Tausenden von Wohnungen
und unter den Millionen Menschen
ist jeder von uns nur «einer» …

EXPRESS

... ein kleiner Mensch,
in einer Welt von Millionen Menschen,
in einem Universum
von Milliarden anderer Welten.

Weil wir das wissen,
fühlen wir uns manchmal so unbedeutend.
Manchmal fühlen wir uns einsam und verloren,
als ob nichts, was wir tun,
wirklich von Bedeutung wäre.

Jeder von uns möchte,
daß er benötigt wird.

Jeder von uns möchte,
daß man an ihn denkt.

Jeder von uns möchte
auf seine ganz persönliche Art wichtig sein.

SCHUL
THEATER
Hauptdarsteller
TED

Es gibt auf dieser Welt viele Möglichkeiten,
wichtig zu sein.
Manche werden Ärzte
und heilen Kranke.

Manche werden Bauern
und ernähren Hungrige.

Und manche werden Lehrer
und verbreiten Weisheit und Wissen.

Du kannst Schäfer sein oder Schuster,
Bäcker oder Friseur,
Kapitän oder Zimmermann oder König.
Aber was du auch immer bist,
es gibt etwas,
das viel wichtiger ist.

Daß du jemand lieb hast …
… und hat dich jemand lieb?

Denn das Herz ist eine Welt für sich,
und in dieser Welt bist du wichtig.

Und darauf kommt es doch an,
nicht wahr?